LEARN ENGLI
UKRAINIANS

How to stop thinking too much | © 2022 - All rights reserved by the author, no part of this book may be reproduced without prior permission of the author - Liudmila Chimac

No part of this document may be reproduced, duplicated, or transmitted in any way in digital or printed form. Distribution of this publication is strictly prohibited and any use of this document is not permitted without the prior written consent of the publisher. All rights reserved.

The accuracy and integrity of the information contained herein is guaranteed, but no liability of any kind is assumed. It is in fact, in terms of misinterpretation of the information through carelessness, or the use or misuse of any policies, processes or instructions contained within the book, the sole and absolute responsibility of the recipient reader. Under no circumstances may the publisher be prosecuted or blamed for any damage done or monetary loss incurred as a result of information contained in this book, either directly or indirectly.

The rights are held by the respective authors and not by the publisher.
Legal notice: This book is copyright protected. It is for personal use only. No part of the contents of this book may be modified, distributed, sold, used, quoted or paraphrased without the specific consent of the author or copyright owner.
Any violation of these terms will be sanctioned in accordance with the law.

INDEX

- ALPHABET
- NUMBERS
- QUESTIONS
- COMMON FRASES
- IN STATION
- AT THE BANK
- AT THE STORE
- FAMILY
- NEEDS
- TIME
- SCHOOL
- HOME
- ADVERBS

ALPHABET
Італійський алфавіт

Aa - Аа

AIRPLANE - ЛІТАК

Bb - Бб

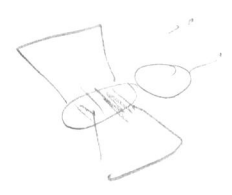

BEE - бджола

Cc - Чч

CAT - кіт

Dd - Дд

DOLPHIN - дельфін

Ee - Бб

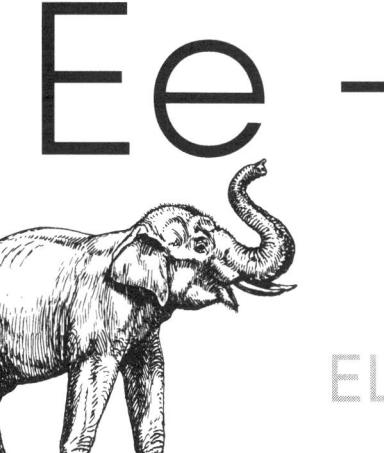

ELEPHANT - слон

Ff - Фф

FROG - жаба

Gg - Ґґ

GIRAFFE - жираф

Hh -

HOTEL - готель

Ii - Іi

IGLOO - іглу

Jj

JUNGLE - джунглі

Kk

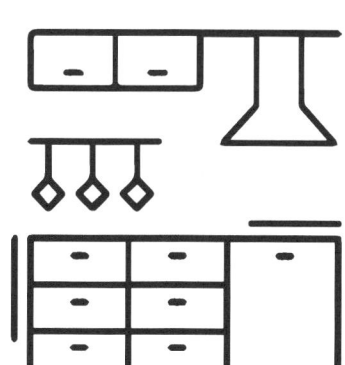

KITCHEN - кухня

Ll - Лл

LION - лев

Mm - Вв

MOUNTAIN - ГОРА

Nn - Нн

NOTEBOOK - блокнот

Oo - Oo

ONION - цибуля

Pp - Пп

PIZZA - Піца

Qq -

QUEEN - королева

Rr - Pp

ROSES - роза

Ss - Cc

SOAP - мило

Tt - Tt

TRAIN - потяг

Uu- Уу

UMBRELLA- парасольку

Vv - Вв

VIOLET- фіолетовий

Ww- Вв

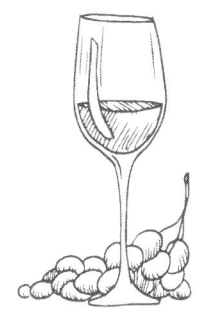

WINE - вино

Xx - Xx

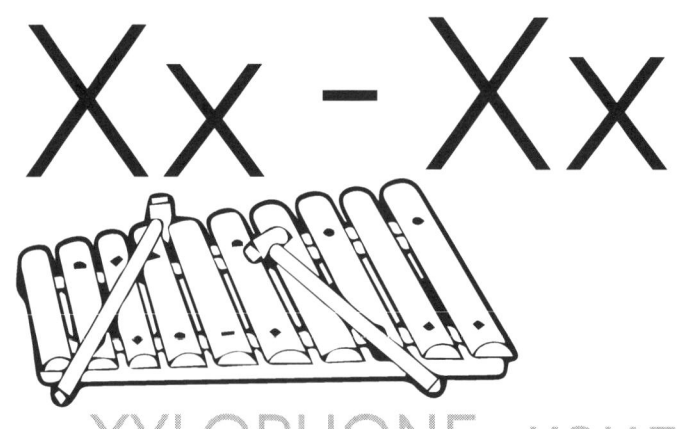

XYLOPHONE - ксилофон

Yy

YACHT - яхта

Zz - Zz

ZEBRA - зебра

ЦИФРИ	NUMBERS
1. один	one
2. два	Two
3. Три	Three
4. Чотири	Four
5. п'ять	Five

ЦИФРИ	NUMBERS
6. шість	Six
7. Сім	Seven
8. Вісім	Eight
9. дев'ять	Nine
10. десять	Ten

ЦИФРИ	NUMBERS
11. одинадцять	Eleven
12. Дванадцять	Twelve
13. Тринадцять	Thirteen
14. чотирнадцять	Fourteen
15. п'ятнадцять	Fifteen

ЦИФРИ	NUMBERS
16. Шістнадцять	Sixteen
17. сімнадцять	Seventeen
18. вісімнадцять	Eighteen
19. дев'ятнадцять	Nineteen
20. двадцять	Twenty

ЦІФРИ | NUMBERS

21. Двадцять один	Twenty-One
22. двадцять два	Twenty-Two
23. двадцять три	Twenty-Three
24. двадцять чотири	Twenty-Four
25. двадцять п'ять	Twenty-Five

ЦИФРИ	NUMBERS
26. двадцять шість	Twenty-Six
27. двадцять сім	Twenty-Seven
28. двадцять вісімвісім	Twenty-Eight
29. Двадцять дев'ять	Twenty-Nine
30. тридцять	Thirty

ЦИФРИ	NUMBERS
40. сорок	Forty
50. п'ятдесят	Fifty
60. шістдесят	Sixty
70. сімдесят	Seventy
80. вісімдесят	Eighty

ЦИФРИ	NUMBERS
90. дев'яносто	Ninety
100. сто	One Hundred
200. Двісті	Two Hundred
300. триста	Three Hundred
400. Чотириста	Four Hundred

ЦИФРИ	NUMBERS
500. П'ятсот	Five Hundred
600. Шістсот	Six Hundred
700. Вісімнадцяте століття	Seven Hundred
800. дев'ятнадцяте сторіччя	Eight Hundred
900. Двадцяте століття	Nine Hundred
1000. Тисяча	Thousand

Questions of daily use

прості запитання для повсякденного використання

HOW?
як?
WHO?
хто?

WHERE?
де?

WHEN?
коли?
WHAT?
що?

HOW MANY?
скільки?

WHICH?
який?
ONLY?
тільки?
WITH WHOM?
з ким?

REMEMBER?
пам'ятати?

What does that mean?
ЩО ЦЕ ОЗНАЧАЄ?

How much does it cost?
Скільки коштує?

What does it mean this?
ЩО ЦЕ ОЗНАЧАЄ ЦЕ?

What is your name?
ЯК ВАС ЗВАТИ?

MORE SENTENCES

Good morning

добрий дени

Good afternoon

Доброго дня

Good night

Надобраніч

Well thank you

Добре, дякую

Nice to meet you

приємно познайомитись

see you tomorrow

До завтра

MORE SENTENCES

Speak slowly

говорить повільно

Please repeat

Будь ласка повтори

I don't understand

я не розумію

I don't know

я не знаю

я голодний

I'm hungry

я голодний

MORE SENTENCES

I am afraid

я боюся

I am tired

я стомився

I am not

я голодний

There are not

Мене не має

я голодний

I am hungry

я загубився

Words to the railway
Слова до залізниці

Ticket- **Квиток**

Platform -**платформа**

Return-**Повернення**

Get off-**спускатися**

Late- **пізно**

Station-**Залізнична станція**

Train- **Потяг**

Wagon- **Вагон**

Stop- **Станція**

Train conductor- **Диригент**

Railway Sentences
Фрази на залізниці

One return ticket please

Один квіток туди і назад, будь ласка

How much is a ticket to Milan?

Скільки коштує квиток до Мілана?

What time is the train to Naples?

О котрій годині йде потяг до Неаполя?

Where is platform 6?

Де платформа 6?

What stop should I get off at?

На якій зупинці мені вийти?

The train is late

Поїзд спізнюється

Bank
банк

Cheque- **чек**

Cashier - **Каса**

Safety Deposit Box -**сейф**

Close an account - **Закрити рахунок**

Deposit - **Вкласти**

Withdraw- **Відкликати**

Balance-**Інтерес**

Loan- **Кредит**

Mortgage -**Позика**

Counter-**Взаємний**

Front office- **віконце**

Bank sentences
Фрази в банку

I would like to open an account

Я хотів би відкрити рахунок

I would like to change this cheque

Я хотів би змінити цей чек

I have to pay this stamp

Я повинен заплатити цю марку

I don't know how to fill out this form

Я не знаю, як заповнити цю форму

How much is the balance?

I would like to deposit this money

Я хотів би внести ці гроші

Phrases at the grocery shop
Фрази в продуктовому магазині

How much is one kg of flour?

Скільки коштує кг борошна?

Just a pound of ham please

тільки сто грамів шинки, дякую

Where can I find tuna fish?

Де я можу знайти тунця?

Do you have change for 20 euros?

У вас є 20 євро, щоб змінити?

Do you have fresh fish?

У вас є свіжа риба?

Can I pay by card?

Чи можна оплатити карткою?

Family
Сім'я

Mum - Мама

Dad-папа

Son-Син

Daughter -дочка

Brother -брат

Sister-сестра

Grandfather-бабуся

Uncle-дядько

Aunt-тітка

Cousin-Двоюрідний брат

Niece-Племінник

Friend-Друг

Needs
Потреби

I need food

мені потрібна їжа

How does it work?

Як це працює?

I need to sleep

мені треба поспати

I'm thirsty

Я хочу пити

I am very cold

мені так холодно

I am very hot

Дуже жарко

Needs
Потреби

I have no money

у мене немає грошей

I need a doctor

Мені потрібен лікар

Can you help me?

можеш допомогти мені?

I need a lift please

мені треба уїхати, будь ласка

I am not well

Я почуваю себе недобре

I'm fine, thank you

я в порядку, дякую

Needs
Потреби

I need to buy clothes

Я маю купити одяг

I am injured

мені боляче

I have no home

Я не маю дому

I can't find my parents

Я не можу знайти своїх батьків

I need medicine

мені необхідні ліки

I need to make a call

Я маю подзвонити

Needs
Потреби

I lost my documents

я втратив/ла документи

I have a Ukrainian passport

Маю український паспорт

I don't have a car

Я не маю машини

I need to take the boat

Я маю взяти корабель

I need a bike

Мені потрібен велосипед

I arrived by plane

Я прилетів літаком

Verbs
дієслова

Abitare- **Заселяють**

Dance-**Танцювати**

Getting wet -**Вологий**

Drinking -**випивати**

Bless-**Благословити**

Benefiting -**Вигода**

Cheating-**Обман**

Blind -**Броньовані**

Throw-**викинути**

Boil-**Варити**

Verbs
дієслова

Change- **Змінити**

Walking-**прогулянка**

Sing -**Заспівати**

Understand -**Зрозуміти**

Dining- **Вечеряти**

Search -**Шукати**

Calling -**Телефонуйте**

Asking -**Запитайте**

Close - **Закрити**

Start-**Почніть**

Buy-**Купуйте**

Know-**Знай**

Believe -**Вірити**

Verbs
дієслова

Give- **Давати**

Forget-**Забудь**

Say-**Сказати**

Become -**Стати**

Divorce -**розлучення**

Ask-**Запитайте**

Sleep-**Спати**

Duty-**Обов'язок**

Dance-**Танцюй**

Decide -**Вирішити**

Deduce-**Вивести**

Dedicate -**Присвятити**

Dominate-**Домінувати**

Verbs
дієслова

Enter- Щоб увійти

Be- Бути

Exist- Існувати

Elevate- Підняти

Emigrate - Емігрувати

Excite- Щоб збудити

Emulate- Емулювати

Eliminate- Видалити

Educate- Виховувати

Emanate- Еманувати

Inherit- Успадковувати

Demand - Вимагати

Exhaust- Закінчити

Verbs
дієслова

Finish-**Закінчити**

Falsify-**Спотворити**

Favour-**Прихильність**

Hurt-**причинити рану**

Financing-**фінанси**

Trust-**Довіра**

Fix-**Дивитися на**

Whistle-**Свист**

Pretend-**Підробка**

Stop-**Зупинитися**

Film-**Фільм**

Fooling-**До біса**

Verbs
дієслова

Driving- **Керівництво**

Judging -**Судити**

Watch-**Дивитися**

Shout-**кричати**

Play-**Грати**

Rejoice-**радуйся**

Throw-**Кидати**

Execute-**Виконати**

Turn-**Спин**

Enjoy-**насолоджуватись**

Enjoy-**любити**

Earn-**отримати**

Scratch-**Натерти**

Verbs
дієслова

Learn- вчитися

To interest-зацікавити

Embarrass-збентежити

Conceive-придумати

Illudere-обманювати

Enlighten-освітлювати

Ignore -ігнорувати

Sanitise-дезінфікувати

Imitate -наслідувати

Impose- накладати

Intrigue-заохочувати

Blame -звинувачувати

Jealous-змусити ревнувати

Verbs
дієслова

Wash- вимити

Work-працювати

Read -читати

Lick-лизати

Tie -зв'язати

Levare-видалити

Smooth-згладити

Leave-залишати

Liberate -звільнити

Limit-обмежувати

Dismiss-звільнити з роботи

Praise -хвалити

Arguing -сперечатися

Verbs
дієслова

Send- **відправити**

Eat-**їсти**

Put -**покласти**

Dying-**вмирати**

Missing- **сумувати**

Rotten-**гниття**

Massage -**масаж**

Manipulate-**маніпулювати**

Chew-**жувати**

Meditate -**медитувати**

Lying -**брехати**

Mix-**змішати**

Migrate -**мігрувати**

Verbs
дієслова

Being born - **бути народженим**

Snowing-**сніжить**

Swimming-**плавати**

Sailing-**Навігація**

Noticing-**Примітка**

Narrating-**Розкажіть**

Deny-**Заперечувати**

Negotiating-**Домовлятися**

Naming -**Номінувати**

To harm -**Шкода**

Hire-**Винаймати**

Feed-**Годувати**

Hide-**Сховати**

Verbs
дієслова

Organise -Організувати

Obey-Підкорятися

Occupy-Зайняти

Offer-Пропозиція

Observe-Спостерігати

Obstruct-Заважай

Obstruct-Похизуватися

Hate-Ненавись

To dare -Дерзайте

Host -приймати людину

Oblige -Зобов'язати

Obtain-Отримати

Offend-Образити

Verbs
дієслова

Pay-Платити

Talking-Говоріть

Leave-відправиться

Think-Думати

Losing -Губити

Pleasure-Задоволення

Rain -Дощити

Lunch-До обіду

Power-Потужність

Prefer-Воліють

Take-Брати

Try-Спробуйте

Fishing-Риболовля

Verbs

Giving-дарувати

Remember-Пам'ятати

Laughing-Сміятися

Remain-Залишатися

Repeat-Повторюйте

Respond-Відповідати

Return-Повернення

Shave-Голитися

Radicare-Прижитися

Slow down -Уповільнити

Cool down -Охолодження

Strengthen-Зміцнити

Reason-Міркування

Verbs

Go up -Щоб піднятися

Healthy-здороватися

Knowing -Знай

Getting off -Спускатися

Write-Писати

Apologise -Вибачте

Feel-Відчуйте

Switch off -Виключити

Hope-Сподіватися

Marry-Одружитися

Stare-Залишатися

Play-Грати

Wake up -Прокидайти

Verbs

Call-телефонувати

Return-Повернення

Pull -Потягніть

Find -Знайти

Cut-вирізати

Silence -Зберігати тишу

Fear-Боятися

Tending-Доглядати

To attempt -Спробувати

To track-Відслідковувати

Hold-Тримати

Draw -Намалювати

Verbs

Use-Використовувати

Exit-виходити

Obey-Підкоряйтеся

Finish -Закінчити

Burn-Згоріти

Bump-Шишка

Usurp-Узурпувати

Usurp-Використовувати

Unite-Для злиття

Humiliate-Принизити

Drunk -Напиватися

Scream-Кричати

Hearing-Почути

Verbs

See- Побачити

Sell - Продати

Come- Приходь

Dress- Одягатися

Travelling- Подорожувати

Forbid- Заборонити

Visiting- Відвідати

Living- жити

Living- Лети

Wanting -хотіти

Winning - Виграти

Violate- Порушувати

Visualize- перегляд

Verbs

Square-Майдан

Quantify-кількісно

Quadriplicate-чотирикратний

Question-питання

Quiet- тихо

Quotate-цитата

square-перевірити

Qualify-кваліфікуватися

Hush-мовчання

Hoe-розкопування

Sugary-підсолодити

Zoom-приближувати

Limp-кульгати

Time

Second-другій

Minute-Хвилина

Hour-Тепер

Half a day -Половина дня

Day- День

Week-тиждень

Month-Місяць

Year-Рік

Yesterday -Вчора

Today-Сьогодні

Tomorrow-Завтра

The day after tomorrow -Післязавтра

The day before yesterday-Позавчора

Time

First week - Перший тиждень

Second week - Другий тиждень

Third week - Третій тиждень

Last week - останній тиждень

Last month - Останній місяць

Last year - торік

Next week - Наступного тижня

Next month - Наступного місяця

Next year - Наступного року

Every day - щоденний

Weekly - щотижня

End of a week - вихідні

After a week - Через тиждень

Time

Monthly - Щомісячно

One month ago - місяць тому

After one month - Через місяць

Last week - Минулого тижня

Last month - Останній місяць

New Year's Eve - Новий рік

One year later - Через рік

Next month - Наступного місяця

Next year - Наступного року

From year to year - З року в рік

Throughout the Year - Цілий рік

Annually - Щорічно

For several years - Протягом кількох років

Time Дні

1. Sunday-неділя
2. Monday-понеділок
3. Tuesday-вівторок
4. Wednesday-середа
5. Thursday-четвер
6. Friday-п'ятниця
7. Saturday-субота

Saturday evening - Суботній вечір

Monday morning - Ранок понеділка

Sunday afternoon - У неділю вдень

Wednesday night - Середа ввечері

Tuesday lunchtime - Вівторок на обід

Thursday dinner - Четвер на вечерю

School Supplies
Поставки до шкіл

Rubber-Ластик

Ruler-Лінійка

Glue-Клей

Notebook-Записник

Folder -Папка

Book-Книга

Paper-Папір

Pen-Ручка

Scissors-Ножиці

Pencil-олівець

Pencil sharpener -Точилка для олівців

Case -Справа

Markers-Маркери

School-Class
Школа-клас

Blackboard - **Дошка**

Chair - **Стіл вчителя**

Flag - **Прапор**

Light - **Світло**

Classroom - **Класна кімната**

Student - **студент**

Report card - **Табель успішності**

Mathematics - **Математика**

Knowledge - **Наука**

History - **Історія**

Reading - **Читати**

Writing - **Писати**

Geography - **Географія**

School-Class
Школа-клас

Physics-**Фізика**

Art-**Мистецтво**

Biology-**Біологія**

Foreign Language -**Іноземна мова**

Music-**Музика**

Geometry-**Геометрія**

Computing-**інформатика**

Philosophy-**філософія**

Literature-**Література**

Technical drawing -**Технічний дизайн**

Gymnastics-**Гімнастика**

Economics -**Економіка**

Law-**правознавство**

Colours
Кольори

Red-**червоний**

Yellow -**Жовтий**

Green-**Зелений**

Blue-**Синій**

Azure-**Блакитний**

Purple-**фіолетовий**

Orange-**Помаранчевий**

Pink-**рожевий**

Brown-Коричневий

Gold-**Золото**

Grey-**Сірий**

Black -**Чорний**

White-**Білий**

Geography
Географія

Coast - **Узбережжя**

Sea - **Море**

Bay - **Затока**

Beach - **Пляж**

Ocean - **Океан**

Peninsula - **Півострів**

Island - **Острів**

Lake - **Озеро**

Desert - **Пустеля**

Waterfall - **Водоспад**

River - **Річка**

Mountain range - **Гірський хребет**

Hill - **Пагорб**

Geography
Географія

Swamp-Болото

Mountain-Гора

Forest-Ліс

Jungle-Джунглі

Volcano-Вулкан

Canyon-Каньйон

Savannah-саванна

Plain-Рівна земля

Rusciello-Потік

Cliff -Скеля

River-Річка

Channel-канал

Glacier-Льодовик

Space
Космос

Astronomy-астрономія

Galaxy-Галактика

Star-Зірка

Moon-Місяць

Planet -Планета

Asteroid -Астероїд

Comet -саванна

Meteor-Метеор

Universe-Всесвіт

Telescope-Телескоп

Polar Star -Північна зірка

Mars-Марс

Milky Way -Чумацький шлях

Sport
Спорт

Rugby-Регбі

Golf-Гольф

Bowling-Боулінг

Cricket-Крикет

Tennis-Теніс

Hockey-Хокей

Volleyball-Волейбол

Football-Американський футбол

Basket ball-Баскетбол

Soccer-Футбол

Baseball-Бейсбол

Boxing-бокс

Karate-карате

Musical Instruments
Музичних інструментів

Harp-**Арфа**

Tambourine-**Бубен**

Organ-**Орган**

Harmonica-**Гармоніка**

Piano-**Фортепіано**

Flute-**Флейта**

Tuba-**Туба**

Trumpet-**Труба**

Violin-**Скрипка**

Guitar-**Гітара**

Drum-**Барабан**

Accordion-**акордеон**

Clarinet-**кларнет**

At the Beach
На пляжі

Deckchair-**Пляжний стілець**

Beach umbrella-**Пляжна парасолька**

Beach bag-**Пляжна сумка**

Ball-**М'яч**

Shovel-**Лопатка**

Bucket-**Відро**

Cooler bag-**термосумка**

High tide-**Прилив**

Low tide-**Відлив**

Rock-**камені**

Sunset-**Захід**

Shells-**Снаряди**

Rock-**Скелі**

Animals
Тварини

Frog-**Жаба**

Rat-**Щур**

Dog-**Собака**

Mouse-**Миша**

Camel-**Верблюд**

Cat-**Кіт**

~~Blade~~-**Лама** (LAMA)

Donkey-**Осел**

Sheep-**Вівця**

Goat-**коза**

Pig-**Свиня**

Cow-**Корова**

Horse-**Кінь**

Animals
Тварини

Chicks - курчата

Hen - Курка

Rooster - Півень

Rabbit - Кролик

Bear - Ведмідь

Alligator - Алігатор

Wolf - Вовк

Hippo - Бегемот

Giraffe - Жирафа

Squirrel - Білка

Kangaroo - Кенгуру

Snake - Змія

Deer - Олень

Buying Clothes
Купувати одяг

Where are the costume?

Де я можу купити купальний костюм?

Do you have another colour?

Чи є у вас ця річ у іншому кольорі?

The colour doesn't suit me

Колір мені не підходить

too tight

Це завузьке

It fits

Мені добре підходить

Do you have a bigger size?

У вас є більшого розміру?

Wanting Things
Бажання речей

I want to go to the park

Я хочу піти в парк

I want ice cream

Я хочу морозива

I want to travel

Я хочу подорожувати

I want to go to the lake

Я хочу поїхати на озеро

I want to go to Italy

Я хочу поїхати в Італію

I want to go to the bar

Я хочу піти в бар

I like...
Мені подобається...

I like playing the guitar

Я люблю грати на гітарі

I like to read

Я люблю читати

I like drawing

Я люблю малювати

I like dancing

Я люблю танцювати

I like playing

я люблю гратися

I like snow

Мені подобається сніг

I don't like...
Мені не подобається...

I don't like war

Я не люблю війни

I don't like the style

Мені не подобається стиль

I don't like Russian

Я не люблю російську

I don't like your customs

Я не люблю звички

Я не люблю вечірки

Я не люблю вечірки

I don't like the desert

Я не люблю пустелю

десерт

Clothes
Одяг

Tie-**Краватка**

Belt-**Пояс**

Jeans-**Джинси**

leggings-**Легінси**

Dress-**Костюм** *плаття сукня*

Bag-**Гаманець** *сумка*

Overalls-**Комбінезон**

Shirt-**Сорочка**

T-shirt-**Футболка**

Skirt-**Спідниця**

Short trousers-**шорти**

Shoes-**Взуття**

Underpants-**Нижня білизна**

Products for kids
Вироби для дітей

Cot-Ліжечко

Changing table-Таблиця змін

High chair-Високе крісло

Stroller-Коляска

Soft toy-Ведмедик *мяка іграшка*

Babysuit-Дитяче боді

Toys-Іграшки

Pacifier-Соска

Baby bottle-Дитяча пляшечка

AMERICAN
Diaper-Підгузок
UK — NAPPY

Bib-Нагрудник

Baby food-~~Тато~~ *дитяче харчування*

Baby potty-нічній горщик для дітей

HOUSE
дім

Room-Кімната

Living room-Вітальня

Bedroom-спальня

Dining room-Їдальня

Kitchen-Кухня

Kitchen-Вбиральня

Lounge-Зал

Laundry-Пральня

Penthouse-Горище

Cellar-Підвал

Balcony-Балкон

Garden-сад

Swimming pool-басейн

Meals
Харчування

Food-Їжа

Drink-Напій

Food-Їсти

Drink-Пити

Dinner-Вечеря

Snack-Перекуска

Breakfast-Сніданок

Lunch-Обід

Dessert-Десерт

Snack-Закуска

Appetiser-Закуска

Aperitif-Закуска

Drinks-Випити

City Places
Міські місця

Apartment - Квартира

Metro station - Станція метро

School - Школа

House - Будинок

Bus station - Автовокзал

Zoo - Зоопарк

Park - Парк

Police station - Поліцейський відділ

Museum - Музей

Library - Бібліотека

Parking - Парковка

City Places
Міські місця

Mail-**Поштове відділення**

Port-**Гавань**

School-**Школа**

Garage-**Крита автостоянка**

Centre-**Центр**

Capital-**Столиця**

Metro-**Метрополіс**

Police Headquarters-**дільничний**

Gallery-**Тунель**

Bakery-**Хлібопекарня**

Laundry-**Пральня**

Restaurant-**Ресторан**

Prison-**в'язниця**

City Places
Міські місця

Large warehouse-**Універмаг**

Butcher's shop-**М'ясна лавка**

Temple-**Храм**

Hospital-**Лікарня**

Church-**Церква**

Bar-**Бар**

Cinema-**Кінотеатр**

Bookshop-**Книгарня**

Pharmacy-**Аптека**

Shopping centre-**Торговий центр**

Jeweller's-**Ювелір**

Market-**Ринок**

Mechanic-**механік**

Street
вул

Street -Вулиця

Avenue-Проспект

Gutter-Ринва

Crossroads-Перехрестя

Road sign-Дорожній знак

Corner-Кут

Lampion-Вуличний ліхтар

Pedestrian-Пішохід

Traffic light-Світлофор

Pedestrian stripes-Пішохідний перехід

Pavement-Тротуар

Traffic-Пробки на дорогах

Ramp-Пандус

ADVERBS OF PLACE
ПРИСЛІВНИКИ МІСЦЯ

- The box is **UNDER** the bed.
  Коробка під ліжком.

- The ball is flying **ABOVE** the net.
  М'яч летить над сіткою.

- The ball is **IN FRONT** of the dog.
  М'яч знаходиться перед собакою.

- The dog is **BEHIND** the ball.
  Собака позаду до м'яча.

- The fish are **INSIDE** the aquarium.
  Рибки знаходяться всередині акваріума.

- The shoes are **OUT** of the box.
  Взуття з коробки.

- The cat got **ON** the table.
  Кіт заліз на стіл.

- There are many countries **IN** the world
  У світі так багато країн.

- The girl is on my **LEFT**.
  Дівчина ліворуч від мене.

- The boy is on my **RIGHT**.
  Хлопчик праворуч від мене.

- I stand **BETWEEN** two boys.
  Я опиняюся між двома хлопцями.

- The pharmacy is **NEXT** to the hospital.
  Аптека поруч з лікарнею.

- The shop is IN **FRONT** of the street.
  Магазин через дорогу.

- The river passes **THROUGH** the mountains
  montagne..

- Ukraine is **NEAR** Poland.
  Україна розташована неподалік від Польщі.

- Italy is located **FAR** from Mexico.
  Італія знаходиться далеко від Мексики.

- Go **UP**!
  Підніматися!

- Go **DOWN**!
  Спускайся!

- Maria is already **THERE** waiting for us
  Марія вже там чекає на нас.

- What you need is all **HERE**.
  Все, що вам потрібно, є тут.

- Love is **EVERYWHERE**.
  Любов всюди.

- His family is **EVERYWHERE**.
  Його родина розташована в іншому місці.

END

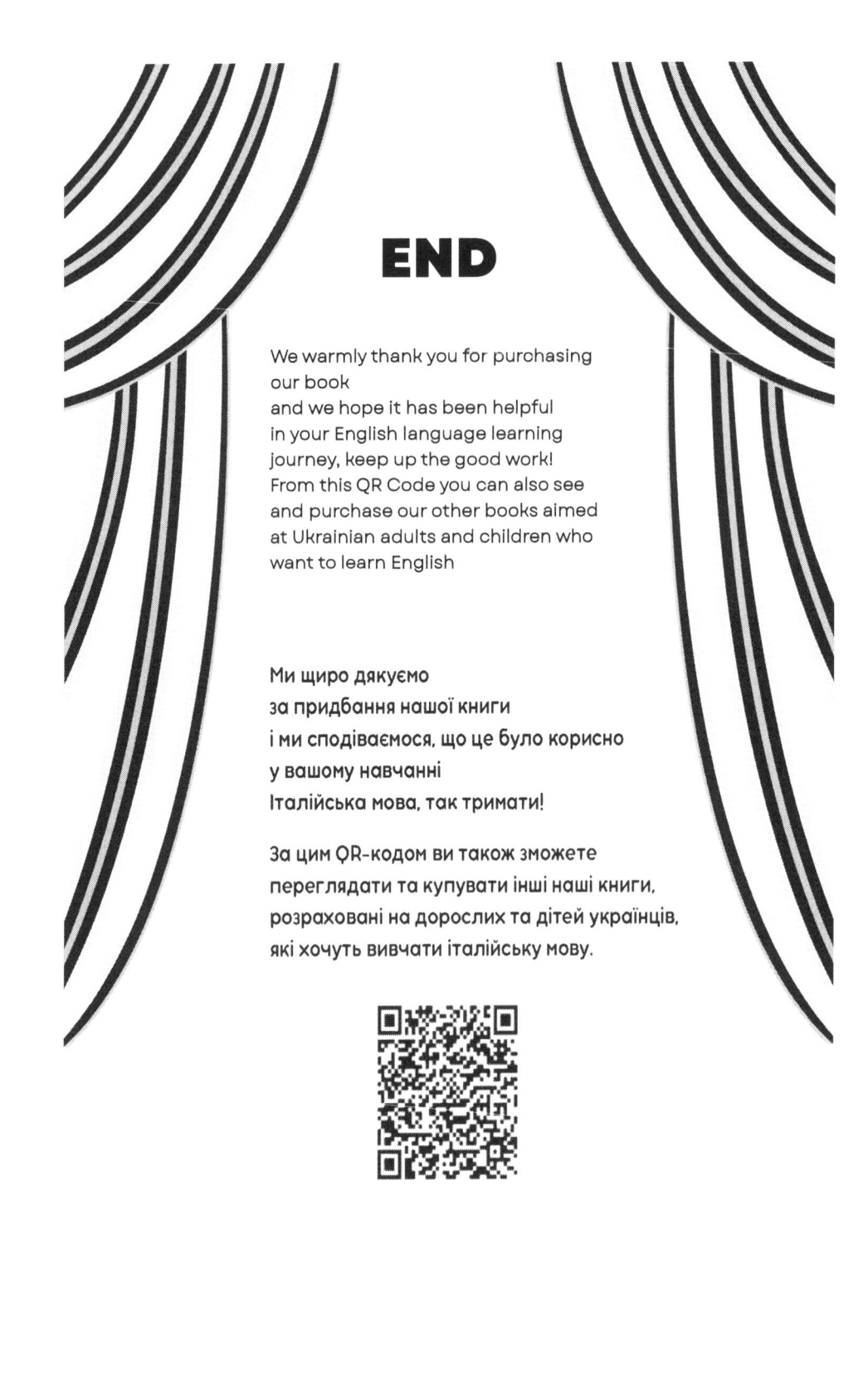

We warmly thank you for purchasing our book
and we hope it has been helpful
in your English language learning journey, keep up the good work!
From this QR Code you can also see and purchase our other books aimed at Ukrainian adults and children who want to learn English

Ми щиро дякуємо
за придбання нашої книги
і ми сподіваємося, що це було корисно
у вашому навчанні
Італійська мова, так тримати!

За цим QR-кодом ви також зможете переглядати та купувати інші наші книги, розраховані на дорослих та дітей українців, які хочуть вивчати італійську мову.

Printed in Great Britain
by Amazon